AF205561

Impressum
Verlag: BABADADA GmbH, Nedderfeld 112 , 22529 Hamburg
Geschäftsführer / Verlagsleitung: Harald Hof
Druck: Books on Demand GmbH, In de Tarpen 42, 22848 Norderstedt

Imprint
Publisher: BABADADA GmbH, Nedderfeld 112 , 22529 Hamburg, Germany
Managing Director / Publishing direction: Harald Hof
Print: Books on Demand GmbH, In de Tarpen 42, 22848 Norderstedt

school

skole

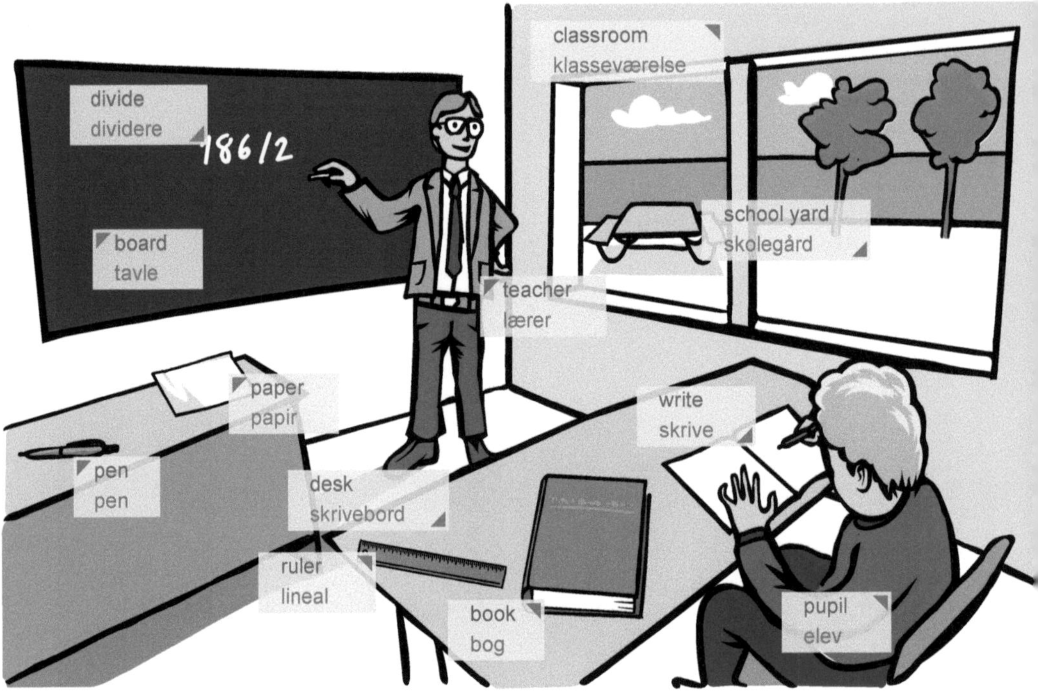
classroom
klasseværelse
divide
dividere
186/2
board
tavle
school yard
skolegård
teacher
lærer
paper
papir
write
skrive
pen
pen
desk
skrivebord
ruler
lineal
book
bog
pupil
elev

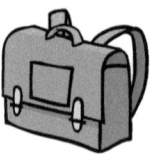

satchel

skoletaske

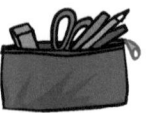

pencil case

penalhus

pencil

blyant

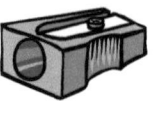

pencil sharpener

blyantspidser

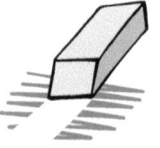

rubber

viskelæder

drawing pad

tegneblok

drawing

tegning

paintbrush

pensel

paint box

æske med vandfarver

scissors

saks

glue

lim

exercise book

opgavehefte

homework

lektie

number

tal

add

addere

subtract

subtrahere

multiply

multiplicere

calculate

regne

letter

bogstav

alphabet

alfabet

word

ord

text
tekst

read
læse

chalk
kridt

lesson
time

register
klasseprotokol

exam
eksamen

certificate
karakterbog

school uniform
skoleuniform

education
uddannelse

encyclopedia
leksikon

university
universitet

microscope
mikroskop

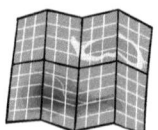

map
kort

waste-paper basket
papirkurv

travel
rejse

hotel
hotel
Grand
hostel
herberg
ROOMS
bureau de change
vekselkontor
car
bil

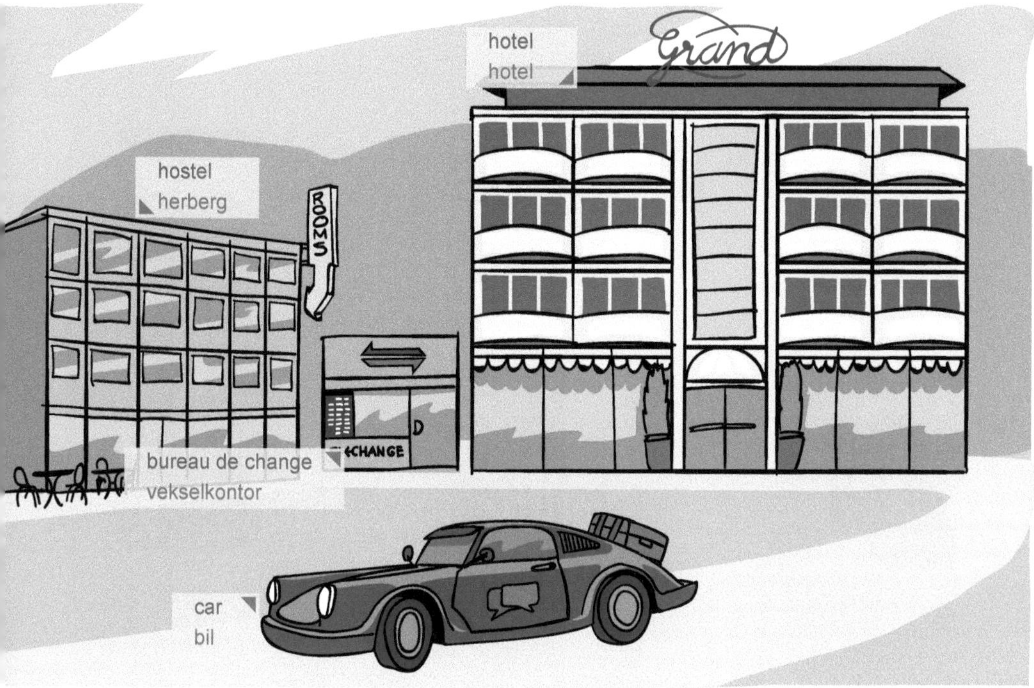

language

sprog

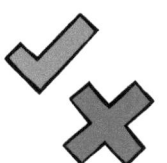

yes / no

ja / nej

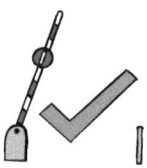

Okay

okay

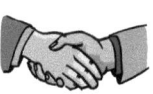

hello

hej

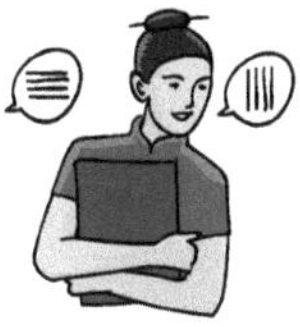

translator

oversætter

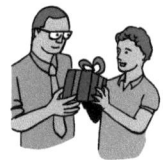

Thank you

tak

how much is...?

hvad koster...?

I do not understand

Jeg forstår ikke

problem

problem

Good evening!

God aften!

Good morning!

God morgen!

Good night!

God nat!

bye bye

farvel

direction

retning

luggage

bagage

bag

taske

backpack

rygsæk

guest

gæst

room

værelse

sleeping bag

sovepose

tent

telt

travel - rejse

tourist information

turistinformation

beach

strand

credit card

kreditkort

breakfast

morgenmad

lunch

middagsmad

dinner

aftensmad

ticket

billet

lift

elevator

stamp

frimærke

border

grænse

customs

told

embassy

ambassade

visa

visum

passport

pas

travel - rejse

transport
transport

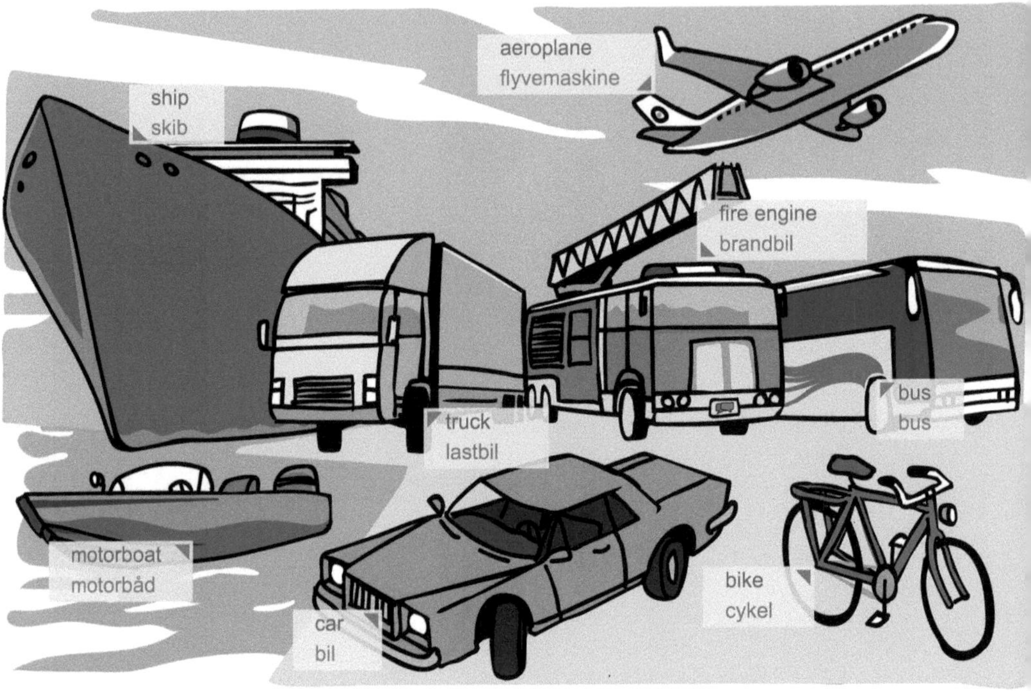
aeroplane
flyvemaskine
ship
skib
fire engine
brandbil
bus
bus
truck
lastbil
motorboat
motorbåd
bike
cykel
car
bil

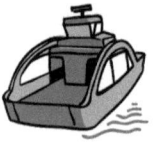

ferry

færge

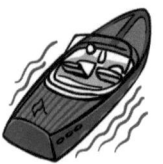

boat

båd

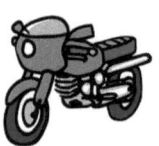

motorbike

motorcykel

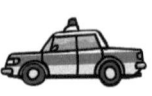

police car

politibil

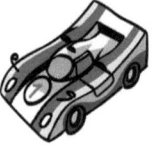

racing car

racerbil

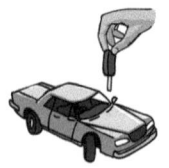

rental car

lejebil

car sharing

samkørsel

breakdown truck

kranbil

refuse truck

skraldebil

motor

motor

fuel

benzin

petrol station

tankstation

traffic sign

trafikskilt

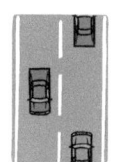

traffic

trafik

traffic jam

trafikprop

car park

parkeringsplads

train station

banegård

tracks

skinner

train

tog

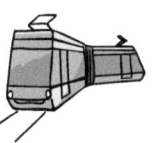

tram

sporvogn

carriage

wagon

helicopter

helikopter

airport

lufthavn

tower

tårn

passenger

passager

container

container

carton

karton

cart

kærre

basket

kurv

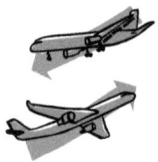

take off / land

starte / lande

city
by

village

landsby

city centre

bymidte

house

hus

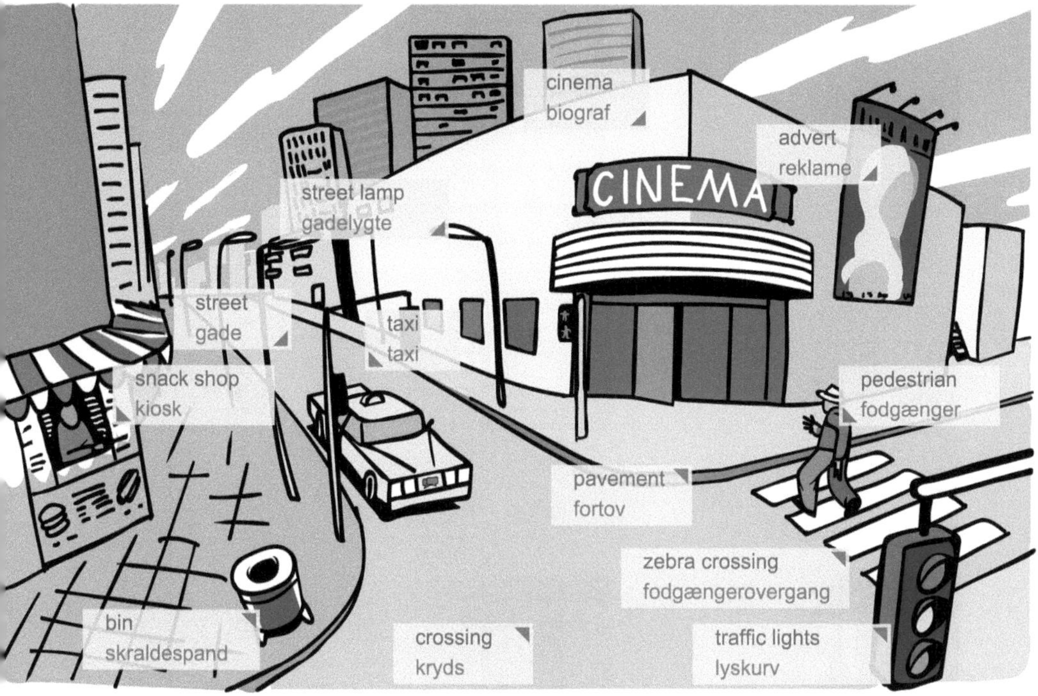
cinema
biograf
advert
reklame
CINEMA
street lamp
gadelygte
street
gade
taxi
taxi
snack shop
kiosk
pedestrian
fodgænger
pavement
fortov
zebra crossing
fodgængerovergang
bin
skraldespand
crossing
kryds
traffic lights
lyskurv

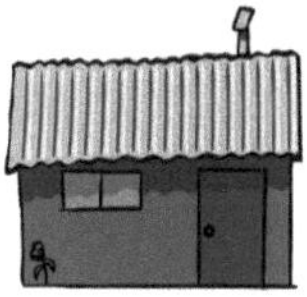

hut

hytte

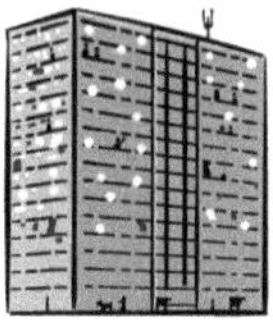

flat

lejlighed

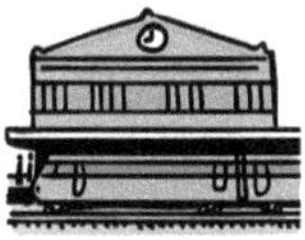

train station

banegård

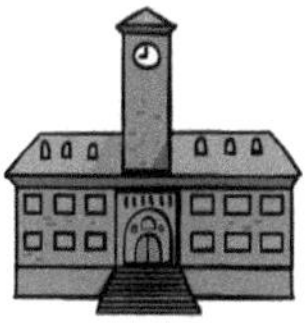

town hall

rådhus

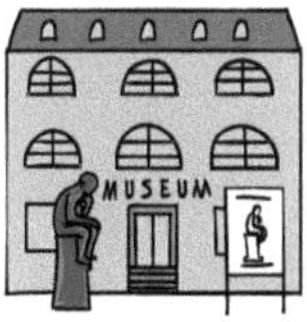
MUSEUM

museum

museum

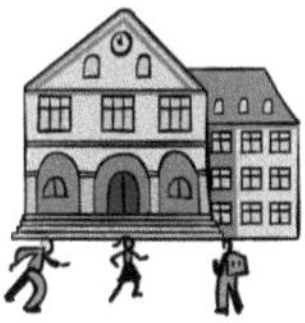

school

skole

university

universitet

bank

bank

hospital

sygehus

hotel

hotel

pharmacy

apotek

office

kontor

book shop

boghandel

shop

butik

florist's

blomsterbutik

supermarket

supermarked

market

marked

department store

stormagasin

fishmonger's

fiskehandler

shopping centre

butikscenter

harbour

havn

park

park

bench

bænk

bridge

bro

stairs

trappe

underground

undergrundsbane

tunnel

tunnel

bus stop

busstoppested

bar

barnevogn

restaurant

restaurant

postbox

postkasse

street sign

vejskilt

parking meter

parkometer

zoo

zoo

swimming pool

badeanstalt

mosque

moske

farm

bondegård

pollution

miljøforurening

graveyard

kirkegård

church

kirke

playground

legeplads

temple

tempel

landscape
landskab

signpost
vejviser

way
vej

meadow
eng

stone
sten

tree
træ

hiker
vandrer

river
flod

grass
græs

flower
blomst

valley

dal

hill

bjerg

lake

sø

forest

skov

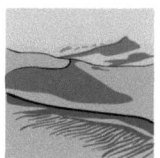

desert

ørken

volcano

vulkan

castle

slot

rainbow

regnbue

mushroom

svamp

palm tree

palme

mosquito

moskito

fly

flue

ant

myre

bee

bi

spider

edderkop

beetle

bille

frog

frø

squirrel

egern

hedgehog

pindsvin

hare

hare

owl

ugle

bird

fugl

swan

svane

boar

vildsvin

deer

hjort

moose

elg

dam

dæmning

wind turbine

vindmølle

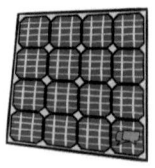

solar panel

solcellemodul

climate

klima

landscape - landskab

restaurant
restaurant

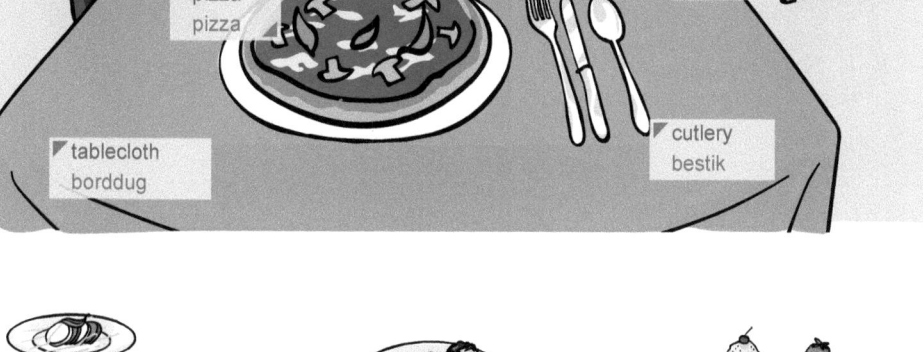

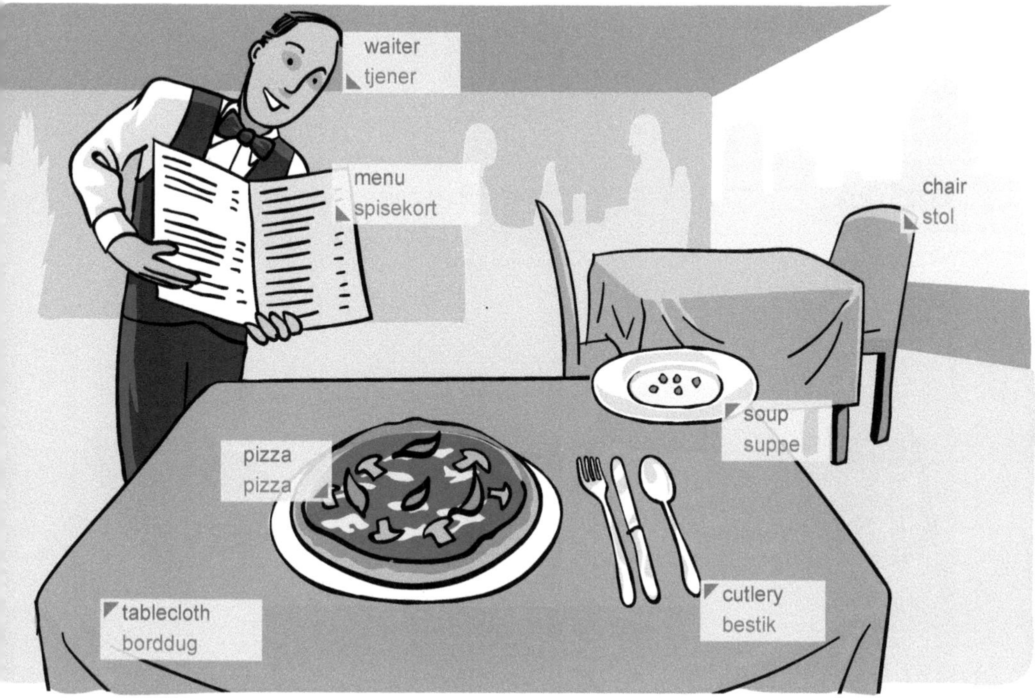

waiter
tjener
menu
spisekort
chair
stol
soup
suppe
pizza
pizza
tablecloth
borddug
cutlery
bestik

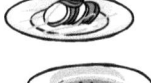

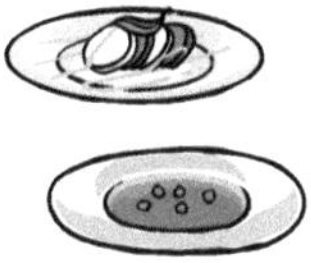

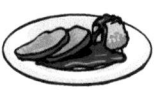

starter
forret

main course
hovedret

dessert
dessert

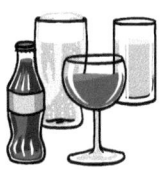

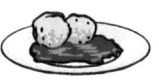

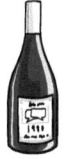

drinks
drikkevarer

food
mad

bottle
flaske

fast food

fastfood

street food

streetfood

teapot

tekande

sugar bowl

sukkerdåse

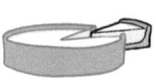

portion

portion

espresso machine

espressomaskine

high chair

barnestol

bill

faktura

tray

tablet

knife

kniv

fork

gaffel

spoon

ske

teaspoon

teske

serviette

serviet

glass

glas

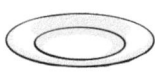

plate

tallerken

soup plate

dyb tallerken

saucer

underkop

sauce

sovs

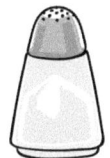

salt pot

saltbøsse

pepper mill

peberkværn

vinegar

eddike

oil

olie

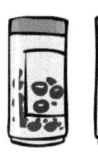

spices

krydderier

ketchup

ketchup

mustard

sennep

mayonnaise

mayonnaise

supermarket
supermarked

special offer
tilbud
FOR
customer
kunde
dairy
mælkeprodukter
fruit
frugt
trolley
indkøbsvogn

BUTCHERS

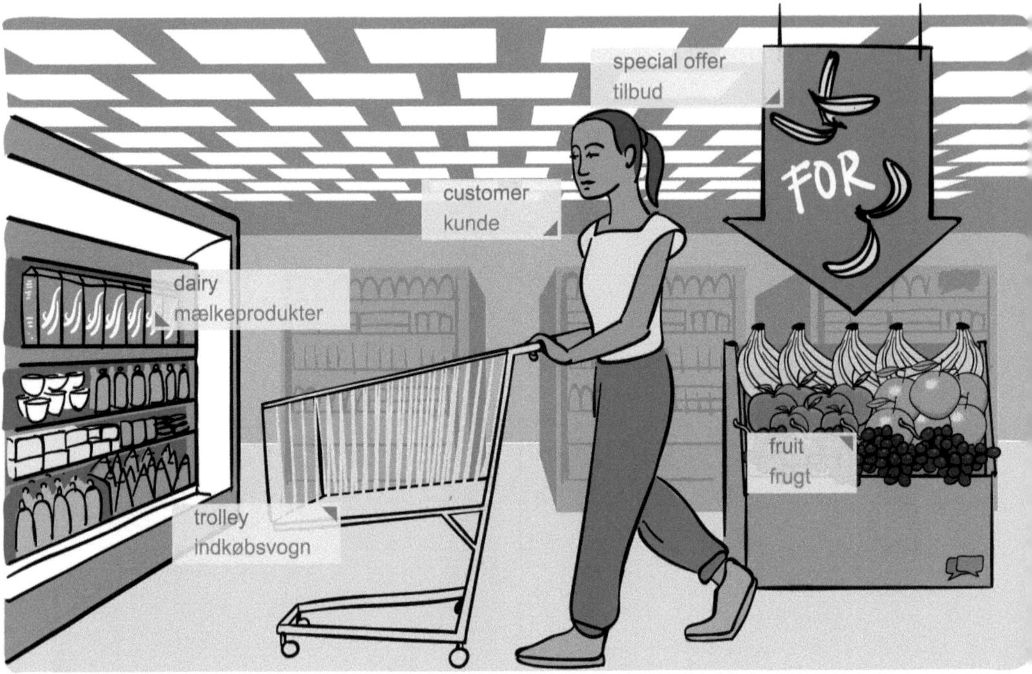

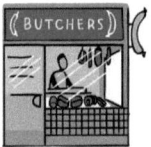

butcher´s

slagter

BAKERY

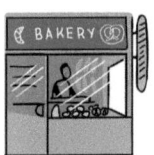

baker´s

bageri

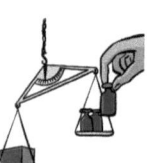

weigh

veje

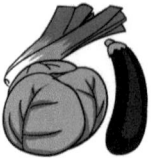

vegetables

grøntsager

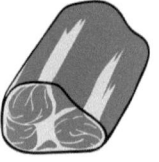

meat

kød

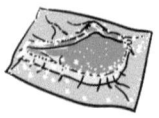

frozen food

frostvarer

cold meat

pålæg

tinned food

konserves

washing powder

vaskemiddel

sweets

slik

household products

husholdningsvarer

cleaning products

rengøringsmidler

salesperson

ekspedient

till

kasse

cashier

kasserer

shopping list

indkøbsliste

opening hours

åbningstider

wallet

tegnebog

credit card

kreditkort

bag

taske

plastic bag

plasticpose

drikkevarer

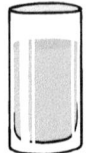
water
vand

juice
saft

milk
mælk

coke
cola

wine
vin

beer
øl

alcohol
alkohol

cocoa
kakao

tea
te

coffee
kaffe

espresso
espresso

cappuccino
cappuccino

banana

banan

apple

æble

orange

appelsin

melon

melon

lemon

citron

carrot

gulerod

garlic

hvidløg

bamboo

bambus

onion

løg

mushroom

svamp

nuts

nødder

noodles

nudler

spaghetti

spaghetti

rice

ris

salad

salat

chips

pomfritter

fried potatoes

stegte kartofler

pizza

pizza

hamburger

hamburger

sandwich

sandwich

cutlet

schnitzel

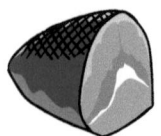

ham

skinke

salami

salami

sausage

pølse

chicken

kylling

roast

steg

fish

fisk

porridge oats

havregryn

muesli

mysli

cornflakes

cornflakes

flour

mel

croissant

croissant

bread roll

rundstykke

bread

brød

toast

toast

biscuits

kiks

butter

smør

curd

kvark

cake

kage

egg

æg

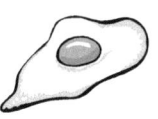

fried egg

spejlæg

cheese

ost

ice cream
is

sugar
sukker

honey
honning

jam
marmelade

chocolate spread
nougat-creme

curry
karry

farm
bondegård

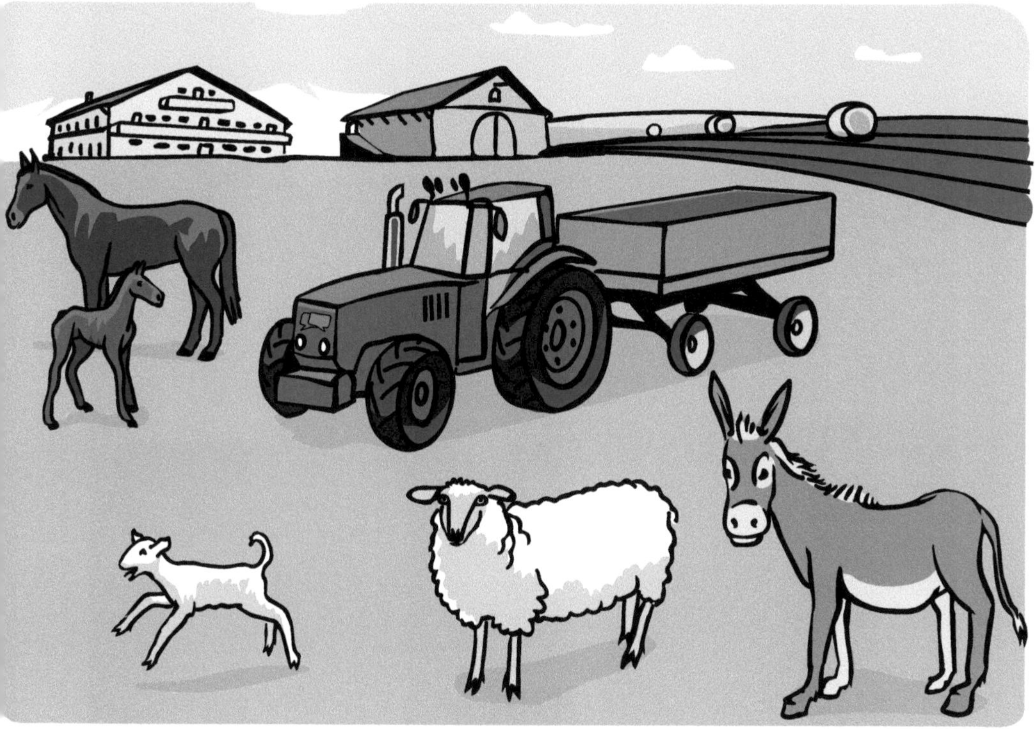

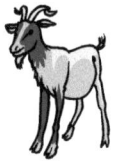

goat

ged

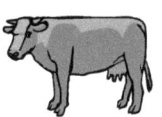

cow

ko

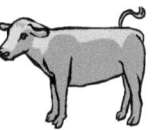

calf

kalv

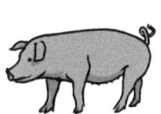

pig

svin

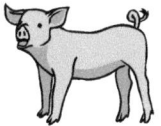

piglet

gris

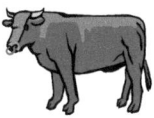

bull

tyr

goose

gås

duck

and

chick

kylling

hen

høne

cock

hane

rat

rotte

cat

kat

mouse

mus

ox

okse

dog

hund

doghouse

hundehus

garden hose

haveslange

watering can

vandkande

scythe

le

plough

plov

sickle

segl

hoe

hakkejern

pitchfork

møggreb

axe

økse

wheelbarrow

trillebør

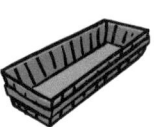

trough

trug

milk can

mælkekande

sack

sæk

fence

hæk

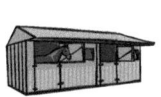

stable

stald

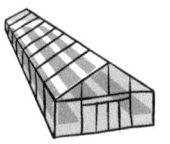

greenhouse

drivhus

soil

jord

seed

frø

fertilizer

gødning

combine harvester

mejetærsker

harvest

høste

harvest

høst

yams

yams

wheat

hvede

soy

soja

potato

kartoffel

corn

majs

rapeseed

raps

fruit tree

frugttræ

cassava

maniok

cereals

korn

house

hus

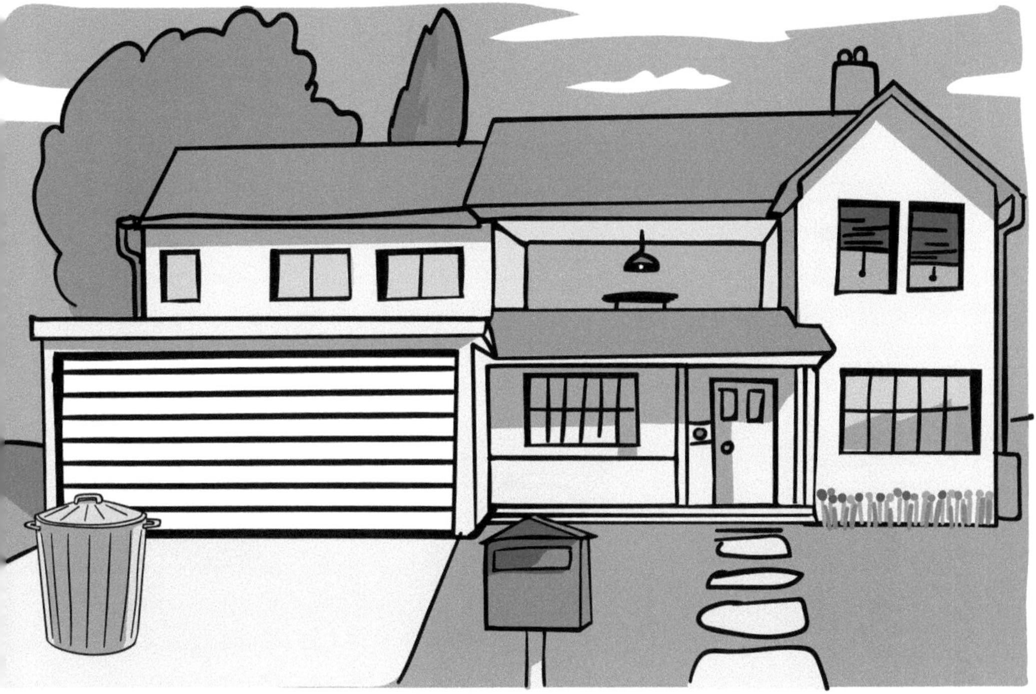

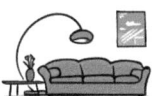

living room
stue

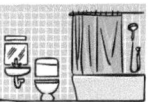

bathroom
badeværelse

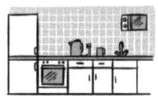

kitchen
køkken

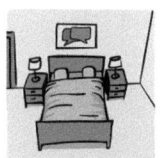

bedroom
soveværelse

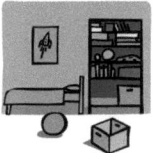

child's room
børneværelse

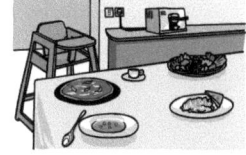

dining room
spisestue

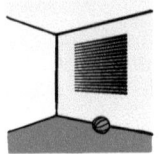

floor
....
gulv

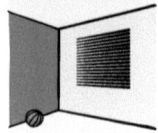

wall
....
væg

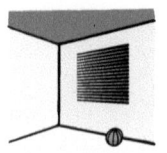

ceiling
....
loft

cellar
....
kælder

sauna
....
sauna

balcony
....
altan

terrace
....
terrasse

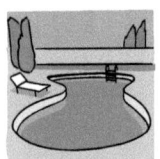

pool
....
svømmehal

lawn mower
....
plæneklipper

sheet
....
dynebetræk

bedspread
....
dyne

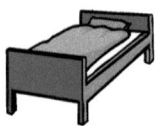

bed
....
seng

broom
....
kost

bucket
....
spand

switch
....
kontakt

living room
stue

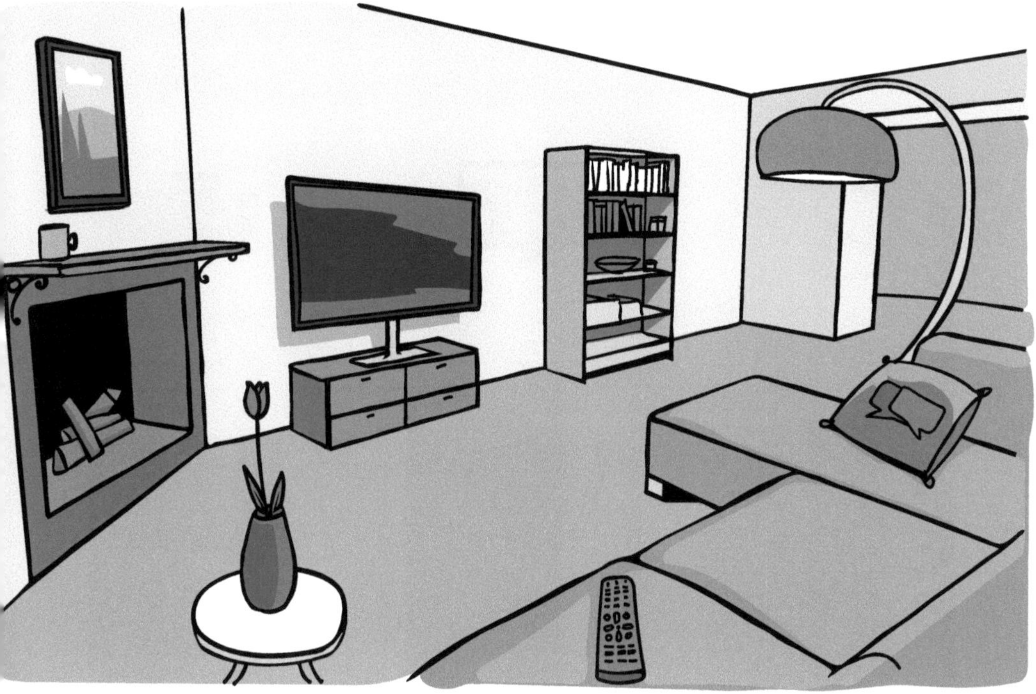

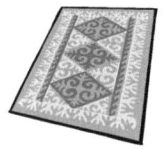

carpet

gulvtæppe

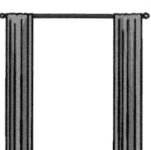

curtain

gardin

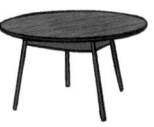

table

bord

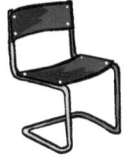

chair

stol

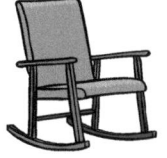

rocking chair

gyngestol

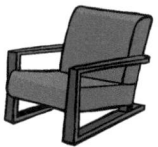

armchair

lænestol

book

bog

blanket

tæppe

decoration

dekoration

firewood

brænde

film

film

hi-fi equipment

stereoanlæg

key

nøgle

newspaper

avis

painting

maleri

poster

plakat

radio

radio

notepad

notesblok

hoover

støvsuger

cactus

kaktus

candle

lys

kitchen
køkken

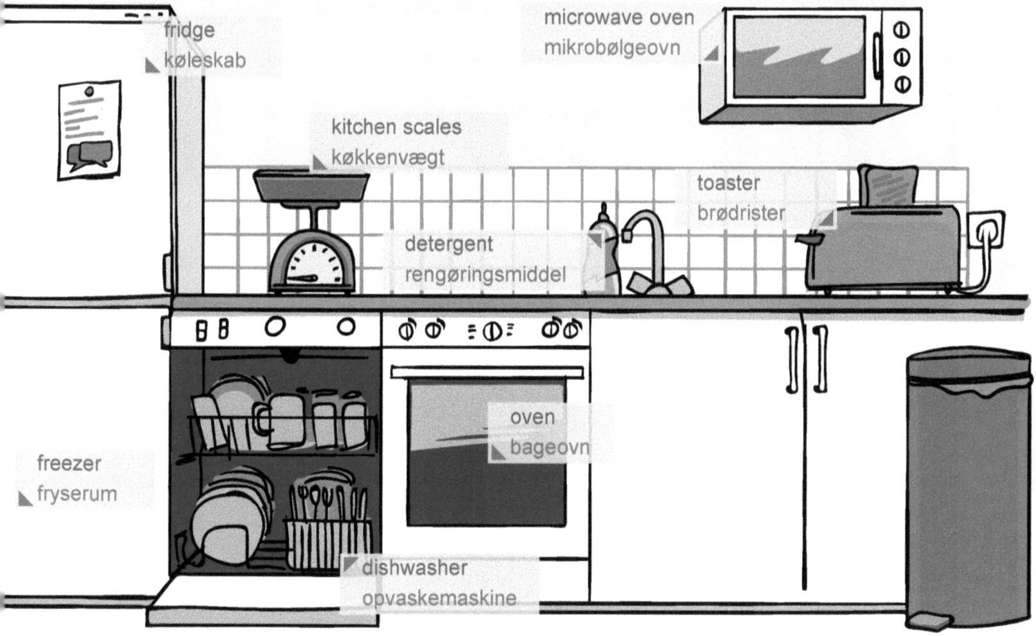
fridge
køleskab
microwave oven
mikrobølgeovn
kitchen scales
køkkenvægt
toaster
brødrister
detergent
rengøringsmiddel
oven
bageovn
freezer
fryserum
dishwasher
opvaskemaskine

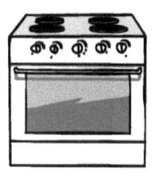

cooker

komfur

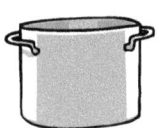

pot

gryde

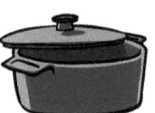

cast-iron pot

jerngryde

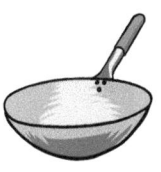

wok / kadai

wok / kadai

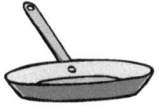

pan

pande

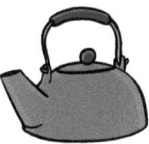

kettle

elkedel

steamer

dampkoger

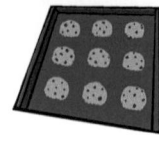

baking tray

bageplade

crockery

service

mug

bæger

bowl

skål

chopsticks

spisepinde

ladle

øseske

spatula

paletkniv

whisk

piskeris

strainer

dørslag

sieve

si

grater

rive

mortar

morter

barbecue

grille

open fire

ildsted

kitchen - køkken

chopping board

skærebræt

rolling pin

kagerulle

corkscrew

proptrækker

can

dåse

can opener

dåseåbner

pot holder

grydelap

sink

køkkenvask

brush

børste

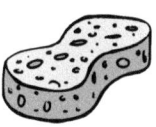

sponge

svamp

blender

blender

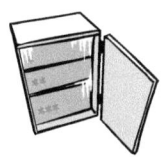

deep freezer

dybfryser

baby bottle

sutteflaske

tap

vandhane

bathroom
badeværelse

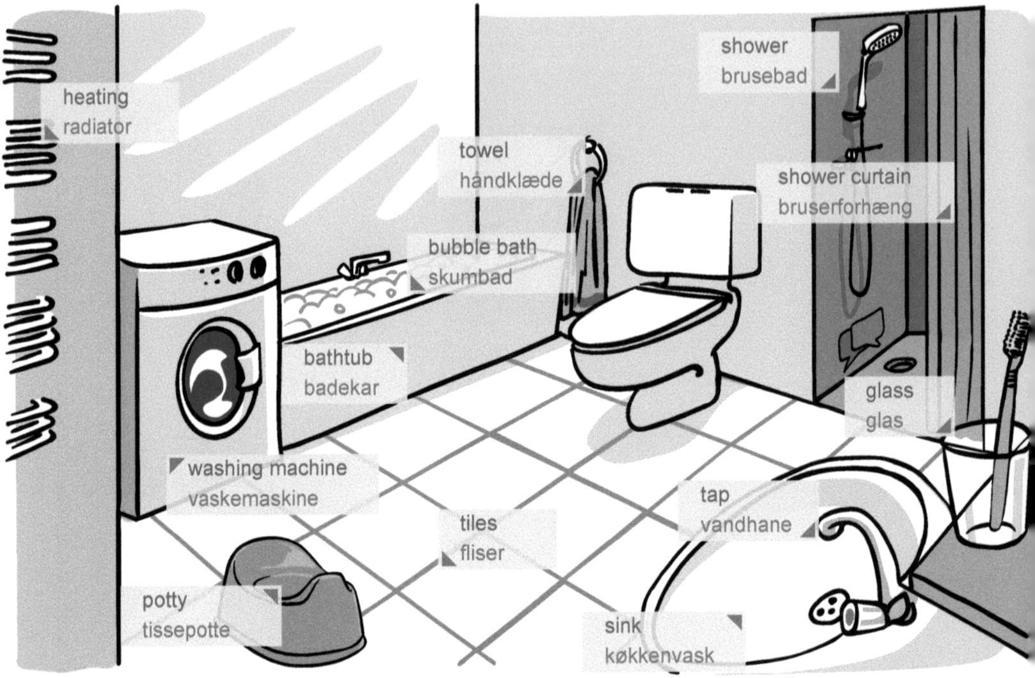
heating
radiator
towel
håndklæde
shower
brusebad
shower curtain
bruserforhæng
bubble bath
skumbad
bathtub
badekar
glass
glas
washing machine
vaskemaskine
tap
vandhane
tiles
fliser
potty
tissepotte
sink
køkkenvask

toilet

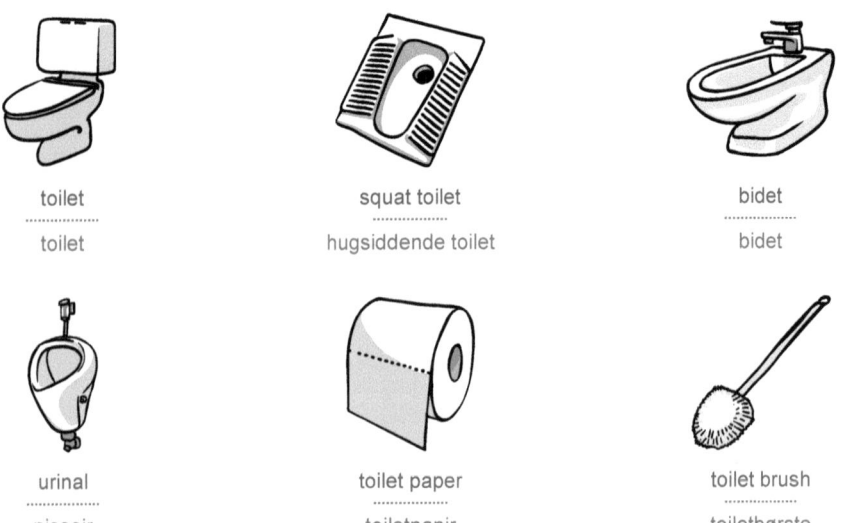

toilet

squat toilet

hugsiddende toilet

bidet

bidet

urinal

pissoir

toilet paper

toiletpapir

toilet brush

toiletbørste

toothbrush

tandbørste

toothpaste

tandpasta

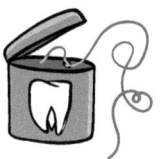

dental floss

tandtråd

wash

vaske

handheld shower

håndbruser

douche

intimbruser

basin

vaskefad

back brush

badebørste

soap

sæbe

shower gel

brusegele

shampoo

shampoo

flannel

vaskeklud

drain

afløb

cream

creme

deodorant

deodorant

mirror

spejl

hand mirror

kosmetikspejl

razor

barberhøvl

shaving foam

barberskum

aftershave

barbervand

comb

kam

brush

børste

hair dryer

hårtørrer

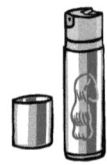

hairspray

hårspray

makeup

makeup

lipstick

læbestift

nail varnish

neglelak

cotton wool

vat

nail scissors

neglesaks

perfume

parfume

washbag

toilettaske

stool

skammel

weighing scale

vægt

bathrobe

badekåbe

rubber gloves

gummihandsker

tampon

tampon

sanitary towel

damebind

chemical toilet

kemisk toilet

child's room
børneværelse

alarm clock
vækkeur
cuddly toy
bamse
toy car
legetøjsbil
rattle
skralde
doll's house
dukkehus
present
gave

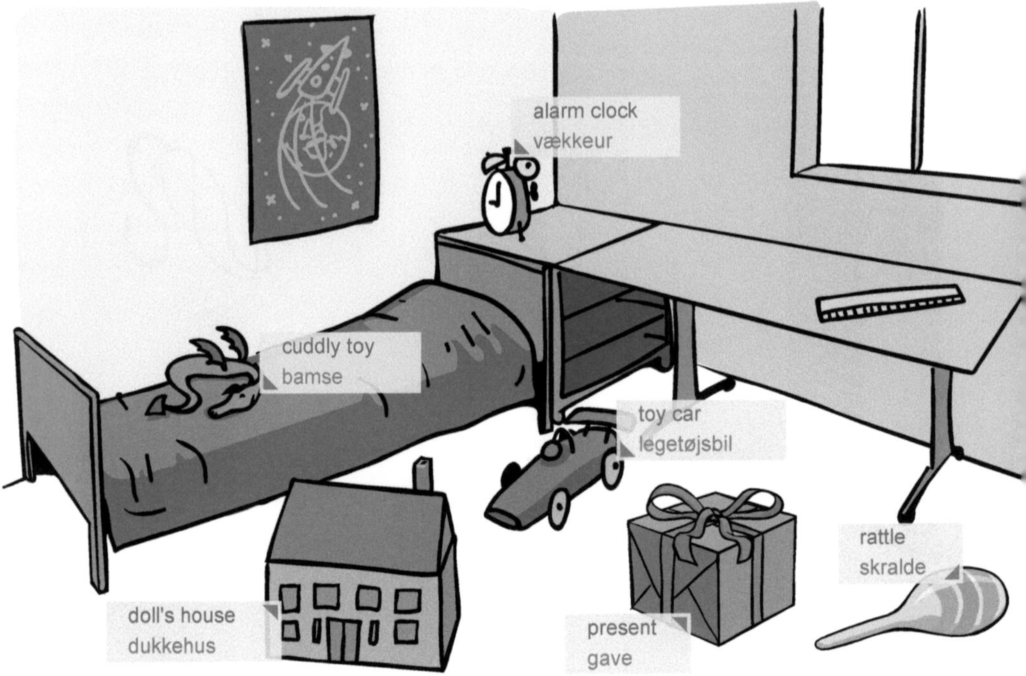

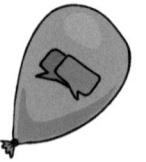

balloon

ballon

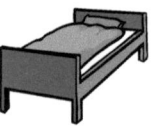

bed

seng

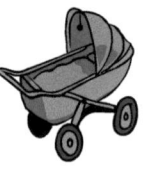

pram

barnevogn

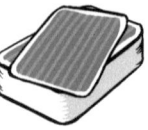

deck of cards

kortspil

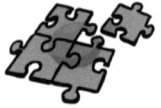

jigsaw

puslespil

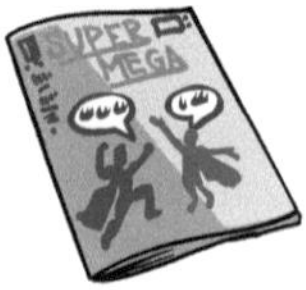

comic

tegneserie

lego bricks

legoklodser

building blocks

byggeklodser

action figure

action figur

babygrow

sparkedragt

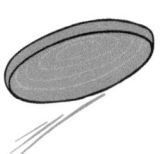

frisbee

frisbee

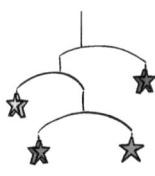

mobile

uro

board game

brætspil

dice

terning

model train set

modeljernbane

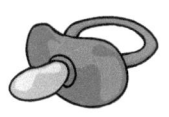

dummy

sut

party

fest

picture book

billedbog

ball

bold

doll

dukke

play

lege

sandpit

sandkasse

swing

gynge

toys

legetøj

video game console

spillekonsol

tricycle

trehjulet cykel

teddy bear

bamse

wardrobe

klædeskab

clothing

tøj

socks

sokker

stockings

strømper

tights

strømpebukser

scarf
sjal

belt
bælte

umbrella
paraply

t-shirt
T-shirt

trainers
sneakers

boots
støvler

slippers
hjemmesko

sandals
....
sandaler

shoes
....
sko

rubber boots
....
gummistøvler

underpants
....
underbukser

bra
....
BH

vest
....
undertrøje

body

body

trousers

bukser

jeans

jeans

skirt

nederdel

blouse

bluse

shirt

skjorte

pullover

pullover

hoodie

sweatshirt

blazer

blazer

jacket

jakke

coat

frakke

raincoat

regnfrakke

costume

kostume

dress

kjole

wedding dress

brudekjole

suit

jakkesæt

nightgown

nattrøje

pyjamas

pyjamas

sari

sari

headscarf

hovedtørklæde

turban

turban

burqa

burka

kaftan

kaftan

abaya

abaya

swimsuit

badedragt

trunks

badebukser

shorts

korte bukser

tracksuit

træningsdragt

apron

forklæde

gloves

handsker

button

knap

glasses

briller

bracelet

armbånd

necklace

kæde

ring

ring

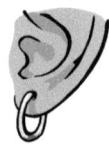

earring

ørering

cap

hue

coat hanger

bøjle

hat

hat

tie

slips

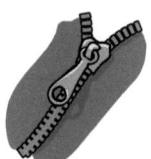

zip

lynlås

helmet

hjelm

braces

seler

school uniform

skoleuniform

uniform

uniform

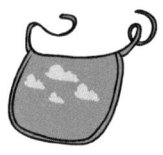

bib

hagesmæk

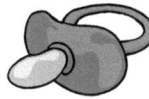

dummy

sut

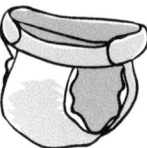

nappy

ble

office

kontor

server
server
filing cabinet
arkivskab
printer
printer
paper
papir
monitor
skærm
desk
skrivebord
mouse
mus
folder
mappe
keyboard
tastatur
waste-paper basket
papirkurv
computer
computer
chair
stol

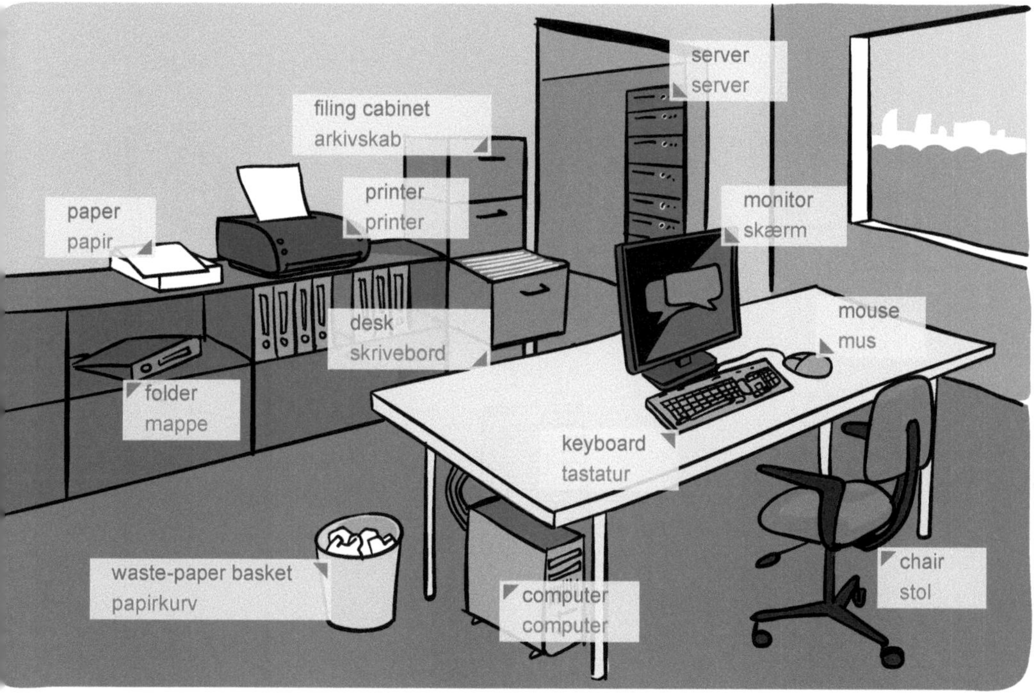

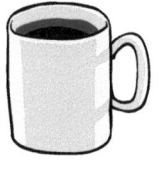

coffee mug

kaffekrus

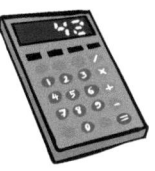

calculator

lommeregner

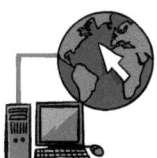

internet

internet

laptop

bærbar

letter

brev

message

besked

mobile

mobil

network

netværk

photocopier

kopimaskine

software

software

telephone

telefon

plug socket

stikdåse

fax machine

fax

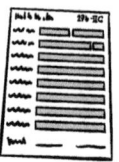

form

formular

document

dokument

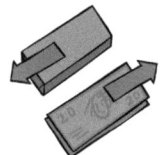

buy

købe

pay

betale

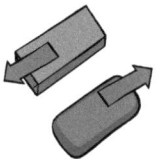

trade

handle

money

penge

 USD

dollar

dollar

 EUR

euro

euro

 JPY

yen

yen

 RUB

rouble

rubel

 CHF

Swiss franc

schweizerfranc

 CNY

renminbi yuan

renminbi yuan

 INR

rupee

rupee

cashpoint

hæveautomat

bureau de change

vekselkontor

gold

guld

silver

sølv

oil

olie

energy

energi

price

pris

contract

kontrakt

tax

skat

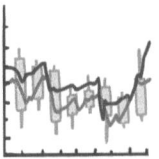

stock

aktie

work

arbejde

employee

ansat

employer

arbejdsgiver

factory

fabrik

shop

butik

occupations

erhverv

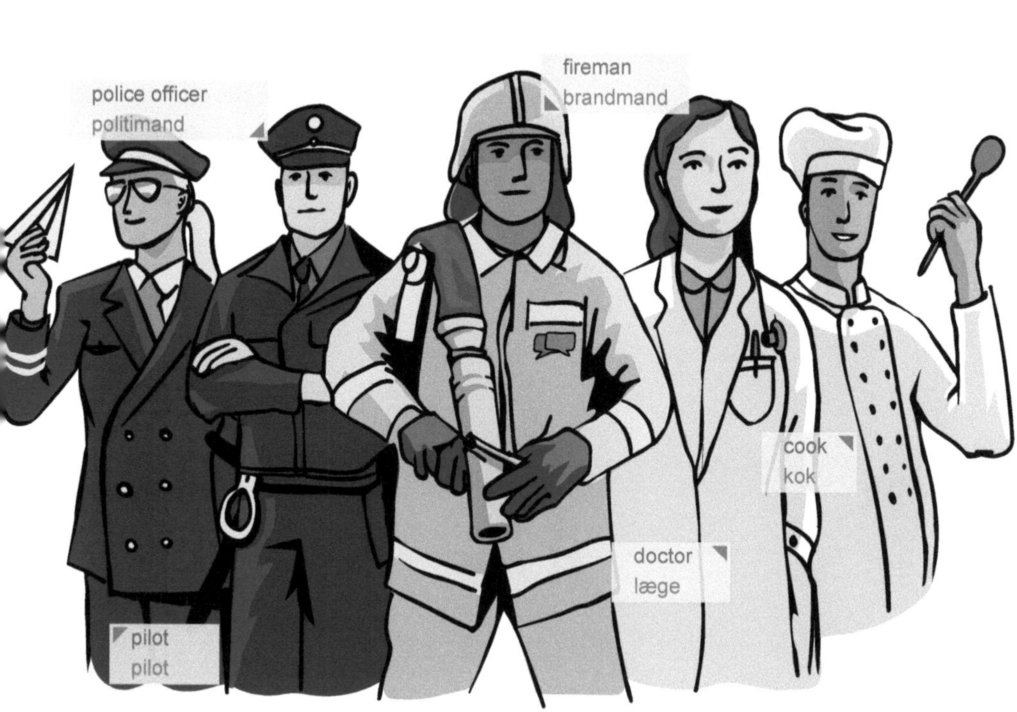

police officer
politimand
fireman
brandmand
cook
kok
doctor
læge
pilot
pilot

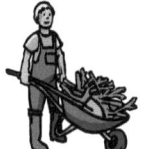

gardener

gartner

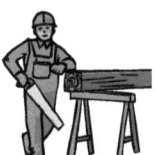

carpenter

tømrer

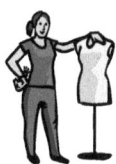

seamstress

syerske

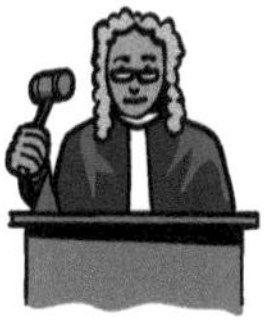

judge

dommer

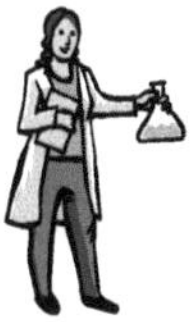

chemist

kemiker

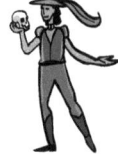

actor

skuespiller

bus driver

buschauffør

taxi driver

taxachauffør

fisherman

fisker

cleaning lady

rengøringskone

roofer

tagdækker

waiter

tjener

hunter

jæger

painter

maler

baker

bager

electrician

elektriker

builder

bygningsarbejder

engineer

ingeniør

butcher

slagter

plumber

vvs-mand

postman

postbud

soldier
soldat

architect
arkitekt

cashier
kasserer

florist
blomsterhandler

hairdresser
frisør

conductor
togfører

mechanic
mekaniker

captain
kaptajn

dentist
tandlæge

scientist
videnskabsmand

rabbi
rabbiner

imam
imam

monk
munk

clergyman
præst

tools
værktøj

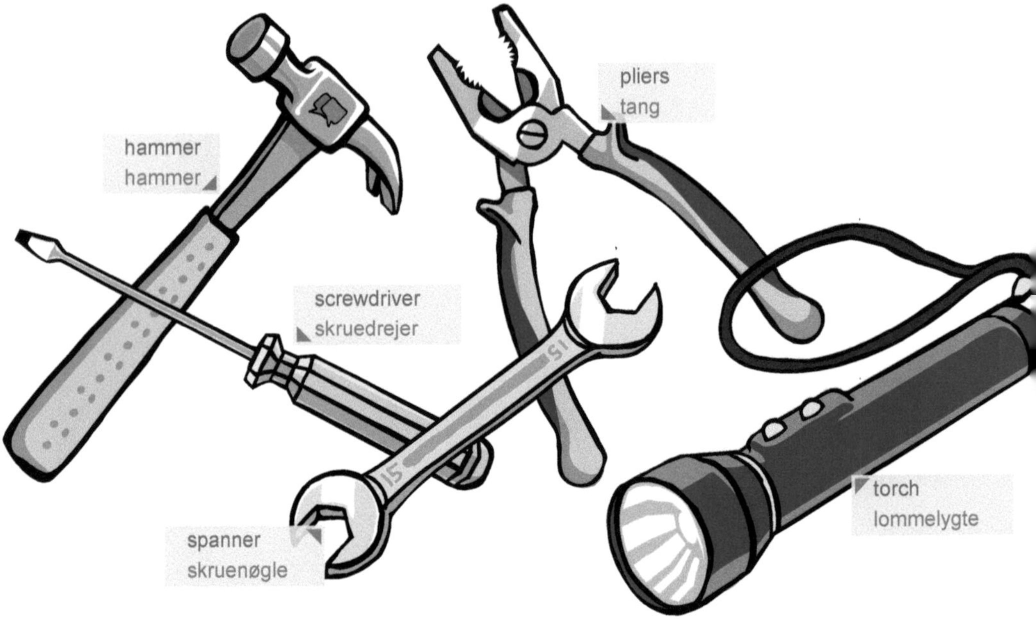
pliers
tang
hammer
hammer
screwdriver
skruedrejer
spanner
skruenøgle
torch
lommelygte

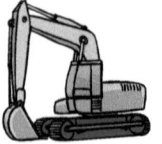

digger
gravemaskine

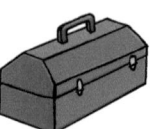

toolbox
værktøjskasse

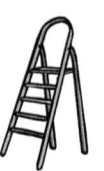

ladder
stige

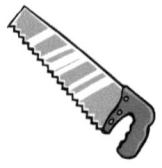

saw
sav

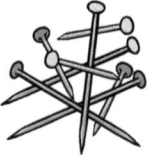

nails
søm

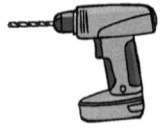

drill
bor

repair
reparere

shovel
skovl

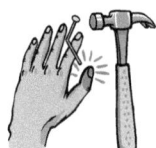

Damn!
Lort!

dustpan
fejebakke

paint pot
malerspand

screws
skruer

musical instruments
musikinstrumenter

drum kit
trommer

loudspeaker
højttaler

guitar
guitar

double bass
kontrabas

trumpet
trompet

piano

klaver

violin

violin

bass

bas

timpani

pauke

drums

tromme

keyboard

keyboard

saxophone

saxofon

flute

fløjte

microphone

mikrofon

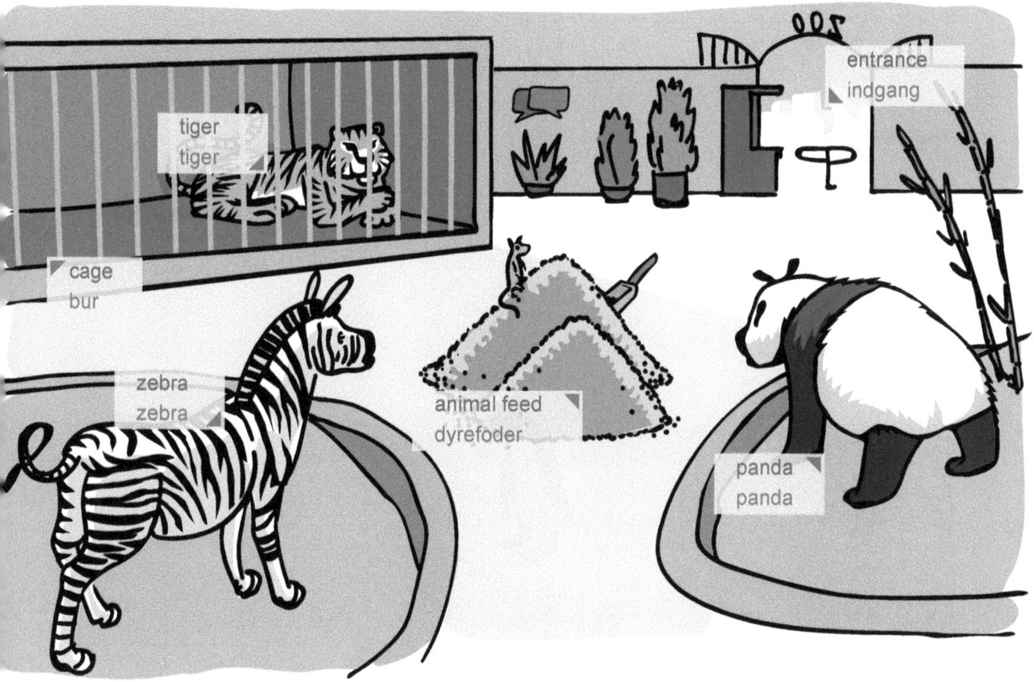

entrance
indgang

tiger
tiger

cage
bur

zebra
zebra

animal feed
dyrefoder

panda
panda

animals

dyr

elephant

elefant

kangaroo

kænguru

rhino

næsehorn

gorilla

gorilla

bear

bjørn

camel

kamel

ostrich

struds

lion

løve

monkey

abe

flamingo

flamingo

parrot

papegøje

polar bear

isbjørn

penguin

pingvin

shark

haj

peacock

påfugl

snake

slange

crocodile

krokodille

zookeeper

dyrepasser

seal

sæl

jaguar

jaguar

pony

pony

leopard

leopard

hippo

flodhest

giraffe

giraf

eagle

ørn

boar

vildsvin

fish

fisk

turtle

skildpadde

walrus

hvalros

fox

ræv

gazelle

gazelle

American football
amerikansk football

cycling
cykling

tennis
tennis

basketball
basketball

swimming
svømning

boxing
boksning

ice hockey
ishockey

football
fodbold

badminton
badminton

athletics
atletik

handball
håndbold

skiing
skiløb

polo
polo

activities
aktiviteter

jump
springe
hug
give et knus
laugh
grine
walk
gå
sing
synge
dream
drømme
pray
bede
kiss
kysse

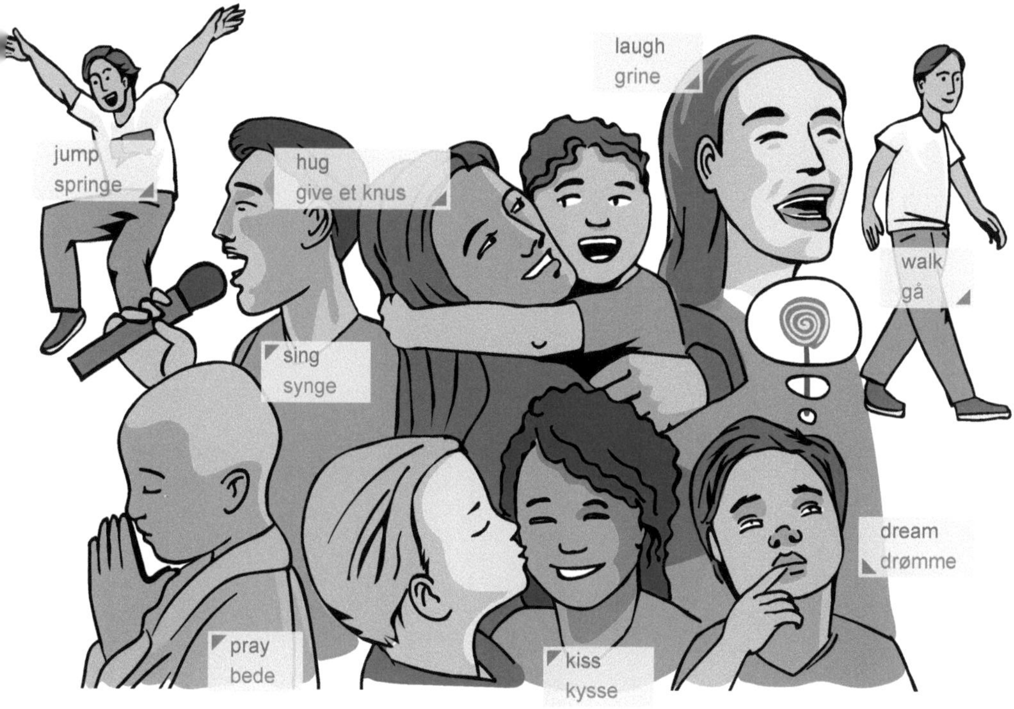

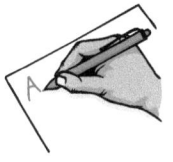

write
skrive

draw
tegne

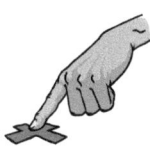

show
vise

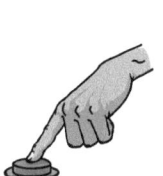

push
skubbe

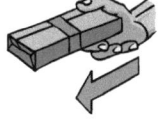

give
give

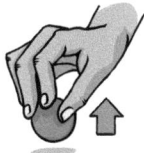

take
tage

have
have

do
gøre

be
være

stand
stå

run
løbe

pull
trække

throw
kaste

fall
falde

lie
ligge

wait
vente

carry
bære

sit
sidde

get dressed
tage på

sleep
sove

wake up
vågne

look at

se på

cry

græde

stroke

ae

comb

kæmme

talk

tale

understand

forstå

ask

spørge

listen

høre

drink

drikke

eat

spise

tidy up

rydde op

love

elske

cook

koge

drive

køre

fly

flyve

activities - aktiviteter

sail

sejle

calculate

regne

read

læse

learn

lære

work

arbejde

marry

gifte sig med

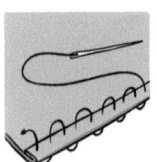

sew

sy

brush teeth

børste tænder

kill

dræbe

smoke

ryge

send

sende

grandmother
bedstemor

grandfather
bedstefar

father
far

mother
mor

baby
baby

daughter
datter

son
søn

guest

gæst

aunt

tante

uncle

onkel

brother

bror

sister

søster

body

krop

forehead
pande
eye
øje
shoulder
skulder
finger
finger
face
ansigt
chin
hage
hand
hånd
leg
ben
breast
bryst
arm
arm

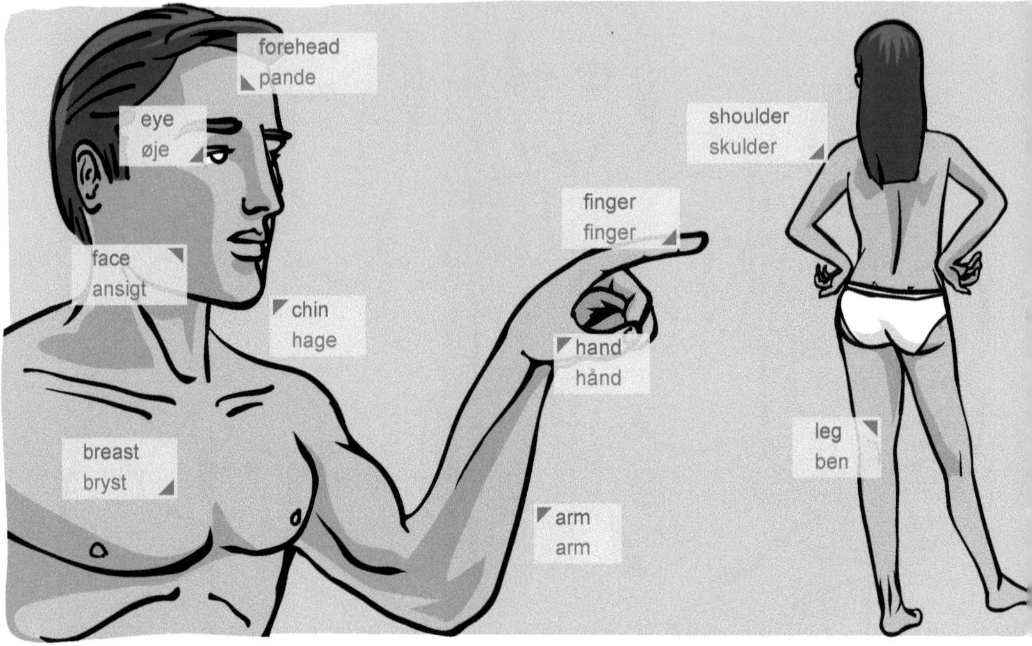

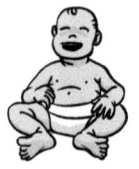

baby
baby

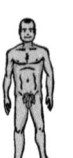

man
mand

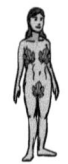

woman
kvinde

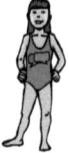

girl
pige

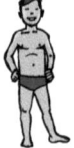

boy
dreng

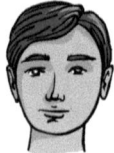

head
hoved

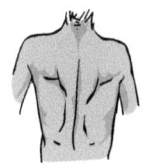

back

ryg

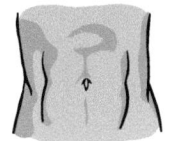

belly

mave

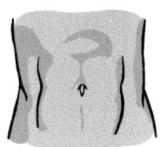

belly button

navle

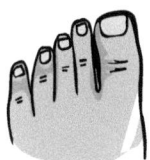

toe

tå

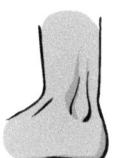

heel

hæl

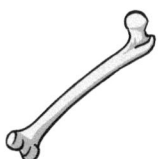

bone

knogle

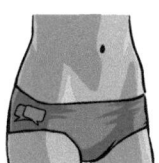

hip

hofte

knee

knæ

elbow

albue

nose

næse

bottom

bagdel

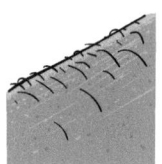

skin

hud

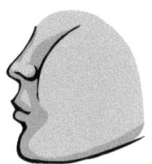

cheek

kind

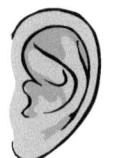

ear

øre

lip

læbe

body - krop

mouth

mund

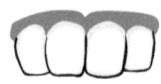

tooth

tand

tongue

tunge

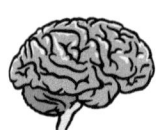

brain

hjerne

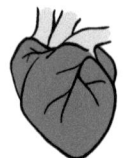

heart

hjerte

muscle

muskel

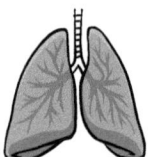

lung

lunge

liver

lever

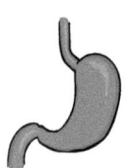

stomach

mavesæk

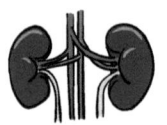

kidneys

nyrer

sex

sex

condom

kondom

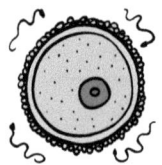

ovum

ægcelle

semen

sperm

pregnancy

svangerskab

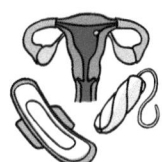

menstruation

menstruation

vagina

vagina

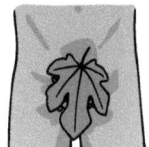

penis

penis

eyebrow

øjenbryn

hair

hår

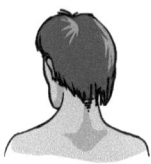

neck

hals

hospital
sygehus

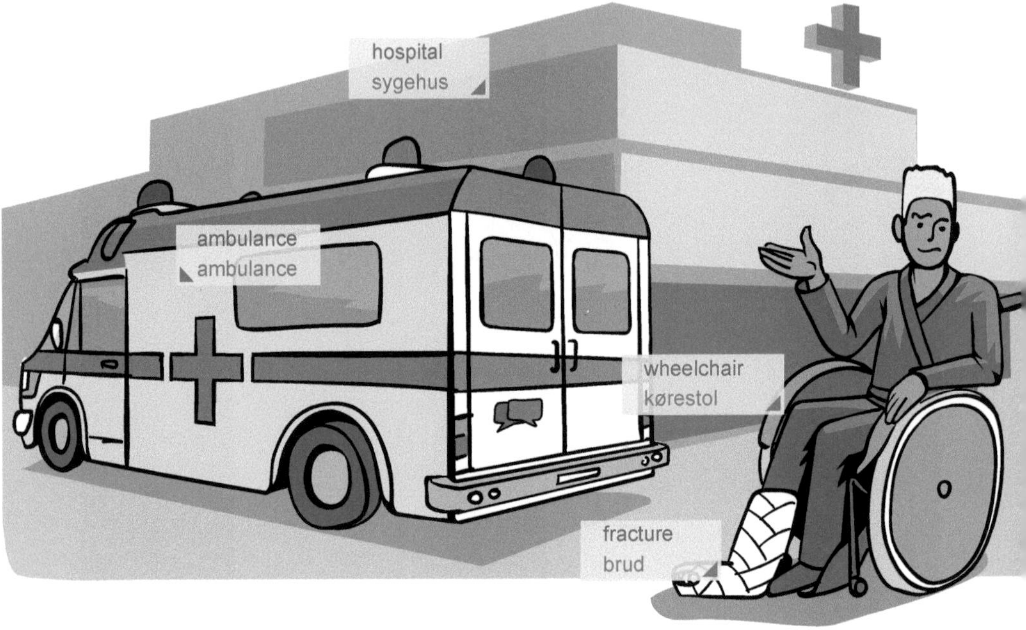

hospital
sygehus
ambulance
ambulance
wheelchair
kørestol
fracture
brud

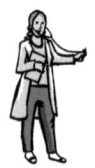

doctor
lægе

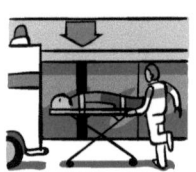

emergency room
akutmodtagelse

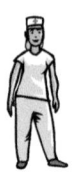

nurse
sygeplejerske

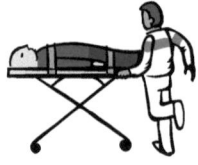

emergency
nødstilfælde

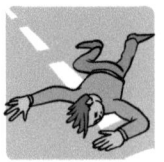

unconscious
bevidstløs

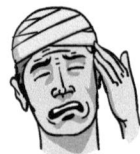

pain
smerte

injury

skade

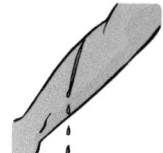

bleeding

blødning

heart attack

hjerteinfarkt

stroke

slagtilfælde

allergy

allergi

cough

hoste

fever

feber

flu

influenza

diarrhoea

diarré

headache

hovedpine

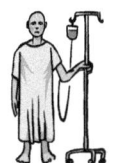

cancer

kræft

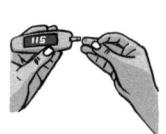

diabetes

diabetes

surgeon

kirurg

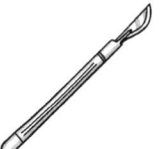

scalpel

skalpel

operation

operation

hospital - sygehus

CT

CT

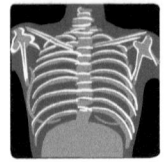

x-ray

røntgen

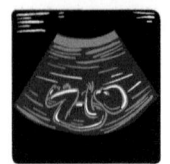

ultrasound

ultralyd

face mask

maske

disease

sygdom

waiting room

venteværelse

crutch

krykke

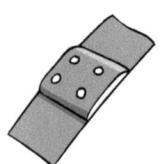

plaster

plaster

bandage

forbinding

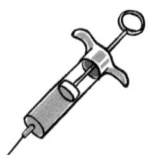

injection

injektion

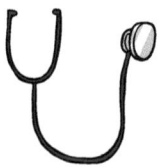

stethoscope

stetoskop

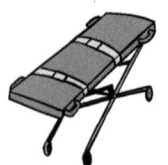

stretcher

båre

clinical thermometer

termometer

birth

fødsel

overweight

overvægt

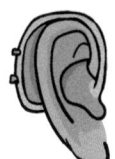

hearing aid

høreapparat

disinfectant

desinficerende middel

infection

infektion

virus

virus

HIV / AIDS

HIV / AIDS

medicine

medicin

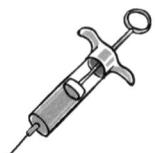

vaccination

vaccination

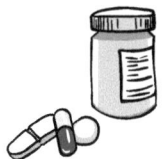

tablets

tabletter

pill

pille

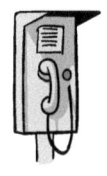

emergency call

nødopkald

blood pressure monitor

blodtryksmåler

ill / healthy

syg / rask

Help!
Hjælp!

alarm
alarm

assault
overfald

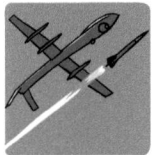

attack
angreb

danger
fare

emergency exit
nødudgang

Fire!
Det brænder!

fire extinguisher
ildslukker

accident
uheld

first-aid kit
førstehjælps-kuffert

SOS
SOS

police
politi

Europe

Europa

North America

Nordamerika

South America

Sydamerika

Africa

Afrika

Asia

Asien

Australia

Australien

Atlantic

Atlanterhavet

Pacific

Stillehavet

Indian Ocean

Indiske Ocean

Antarctic Ocean

Sydlige Ishav

Arctic Ocean

Ishav

North Pole

Nordpol

South Pole
Sydpol

Antarctica
Antarktis

Earth
Jorden

land
land

sea
hav

island
ø

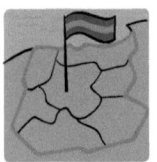

nation
nation

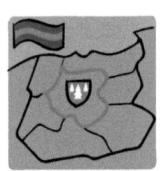

state
stat

clock face

urskive

hour hand

timeviser

minute hand

minutviser

second hand

sekundviser

What time is it?

Hvad er klokken?

day

dag

time

tid

now

nu

digital watch

digitalur

minute

minut

hour

time

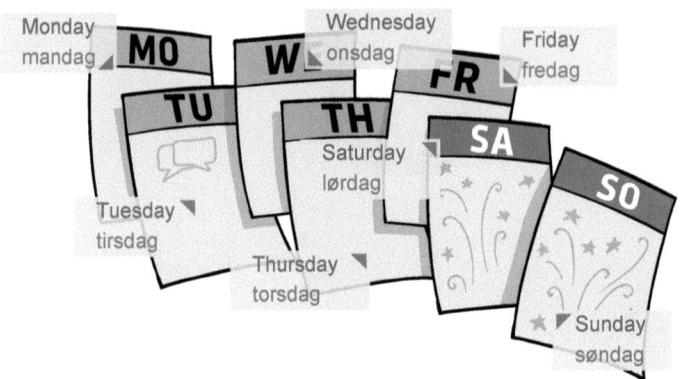

yesterday

i går

today

i dag

tomorrow

i morgen

morning

morgen

noon

middag

evening

aften

MO	TU	WE	TH	FR	SA	SU
1	2	3	4	5	6	7
8	9	10	11	12	13	14
15	16	17	18	19	20	21
22	23	24	25	26	27	28
29	30	31	1	2	3	4

business days

arbejdsdage

MO	TU	WE	TH	FR	SA	SU
1	2	3	4	5	6	7
8	9	10	11	12	13	14
15	16	17	18	19	20	21
22	23	24	25	26	27	28
29	30	31	1	2	3	4

weekend

weekend

year
år

rain
regn
spring
forår
summer
sommer
wind
vind
autumn
efterår
snow
sne
winter
vinter

4.APRIL 11°
5.APRIL 4°
6.APRIL 13°
7.APRIL 8°
8.APRIL 10°

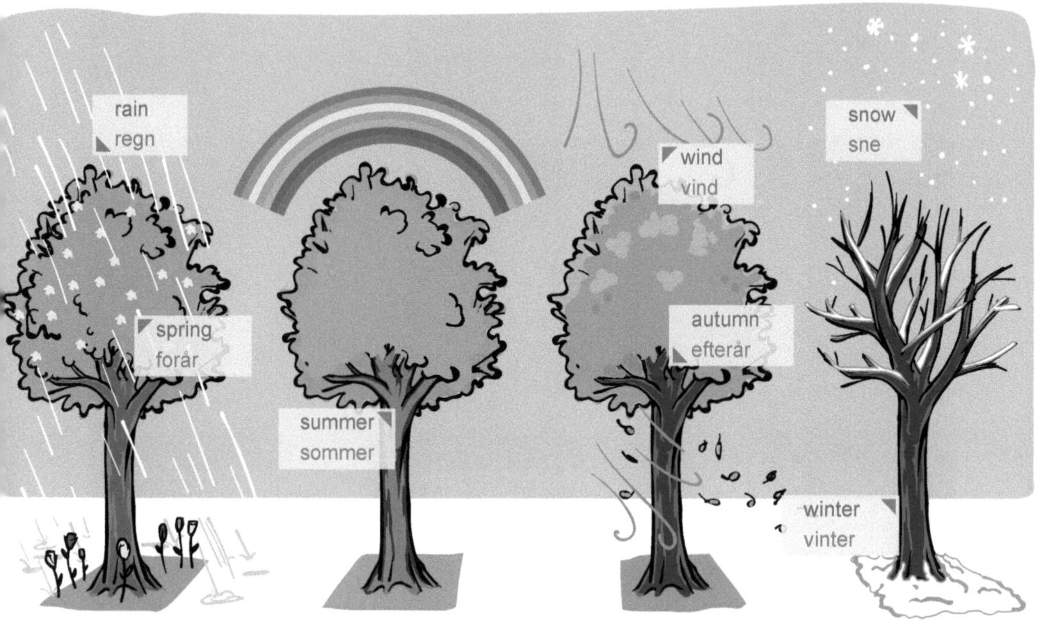

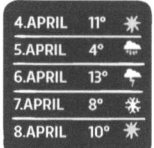

weather forecast

vejrudsigt

F
C
120
90
60
30
0
-30
40
30
20
10
0
-10
-20

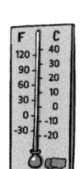

thermometer

termometer

sunshine

solskin

cloud

sky

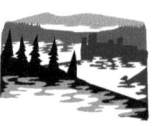

fog

tåge

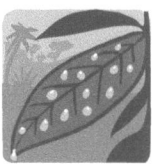

humidity

luftfugtighed

lightning

lyn

thunder

torden

storm

storm

hail

hagl

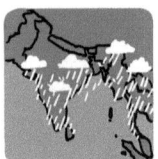

monsoon

monsun

flood

flod

ice

is

January

januar

February

februar

March

marts

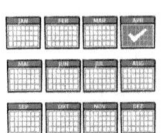

April

april

May

maj

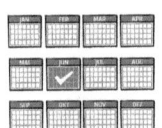

June

juni

July

juli

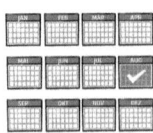

August

august

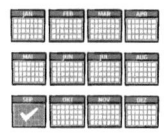

September
....
september

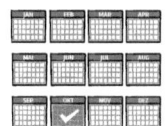

October
....
oktober

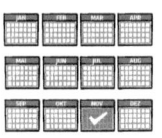

November
....
november

December
....
december

shapes
former

circle
....
cirkel

square
....
kvadrat

rectangle
....
firkant

triangle
....
trekant

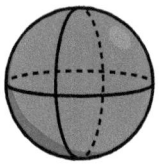

sphere
....
kugle

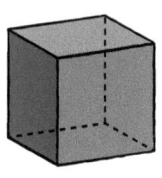

cube
....
terning

white

hvid

yellow

gul

orange

orange

pink

pink

red

rød

purple

lilla

blue

blå

green

grøn

brown

brun

grey

grå

black

sort

a lot / a little

meget / lidt

angry / calm

rasende / fredelig

beautiful / ugly

smuk / grim

beginning / end

begyndelse / slut

big / small

stor / lille

bright / dark

lys / mørk

brother / sister

bror / søster

clean / dirty

ren / snavset

complete / incomplete

fuldkommen / ufuldkommen

day / night

dag / nat

dead / alive

død / levende

wide / narrow

bred / smal

edible / inedible

spiselig / uspiselig

evil / kind

vred / venlig

excited / bored

ophidset / kedet

fat / thin

tyk / tynd

first / last

først / sidst

friend / enemy

ven / fjende

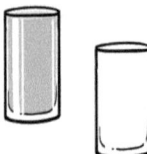

full / empty

fuld / tom

hard / soft

hård / blød

heavy / light

tung / let

hunger / thirst

sult / tørst

ill / healthy

syg / rask

illegal / legal

illegal / legal

intelligent / stupid

intelligent / dum

left / right

venstre / højre

near / far

nær / fjern

opposites - modsætninger

new / used

ny / brugt

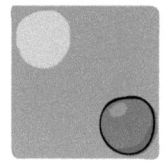

nothing / something

intet / noget

old / young

gammel / ung

on / off

tændt / slukket

open / closed

åben / lukket

quiet / loud

stille / højt

rich / poor

rig / fattig

right / wrong

rigtig / forkert

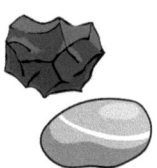

rough / smooth

ru / glat

sad / happy

ked af det / lykkelig

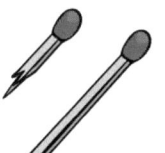

short / long

kort / lang

slow / fast

langsom / hurtig

wet / dry

våd / tør

warm / cool

varm / kold

war / peace

krig / fred

0	**1**	**2**
zero	one	two
nul	en	to

3	**4**	**5**
three	four	five
tre	fire	fem

6	**7**	**8**
six	seven	eight
seks	syv	otte

9	**10**	**11**
nine	ten	eleven
ni	ti	elleve

12

twelve

tolv

13

thirteen

tretten

14

fourteen

fjorten

15

fifteen

femten

16

sixteen

seksten

17

seventeen

sytten

18

eighteen

atten

19

nineteen

nitten

20

twenty

tyve

100

hundred

hundrede

1.000

thousand

tusinde

1.000.000

million

million

languages

sprog

English

engelsk

American English

amerikansk engelsk

Chinese Mandarin

kinesisk mandarin

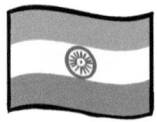

Hindi

hindi

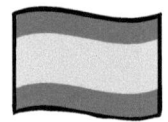

Spanish

spansk

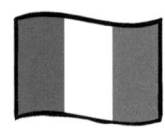

French

fransk

Arabic

arabisk

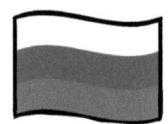

Russian

russisk

Portuguese

portugisisk

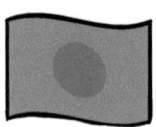

Bengali

bengalsk

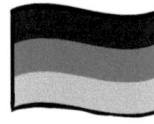

German

tysk

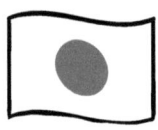

Japanese

japansk

I

jeg

you

du

he / she / it

han / hun / den / det

we

vi

you

I

they

de

who?

hvem?

what?

hvad?

how?

hvordan?

where?

hvor?

when?

hvornår?

name

navn

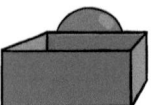

behind

bag

in

i

in front of

foran

over

over

on

på

under

under

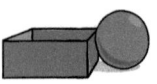

beside

ved siden af

between

imellem

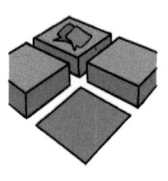

place

sted